100 PREMYE MO MWEN YO

Copyright© 2023, by Light Messages Publishing
100 premye mo mwen yo - My First 100 Words

Paperback ISBN: 978-1-61153-785-7

Creole text by Wally Turnbull

Published 2023, by Li Li Books, an Imprint of Light Messages Publishing
lightmessages.com
Durham, NC 27713 USA
SAN: 920-9298

All rights reserved, including the reproduction in whole or in part.
Depo Legal Light Messages Publishing

Fanmi

manman

bebe

papa

zeve

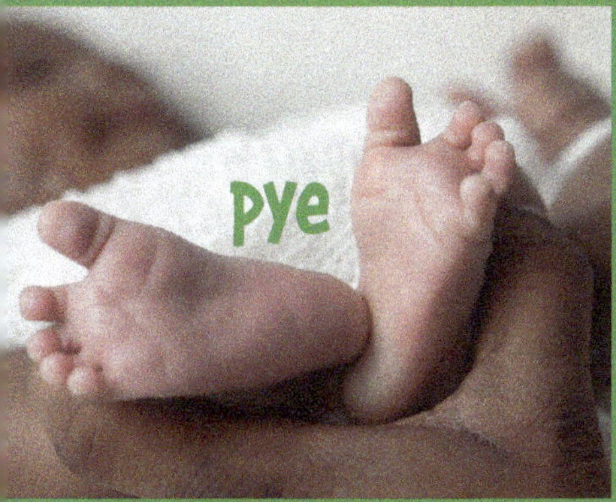

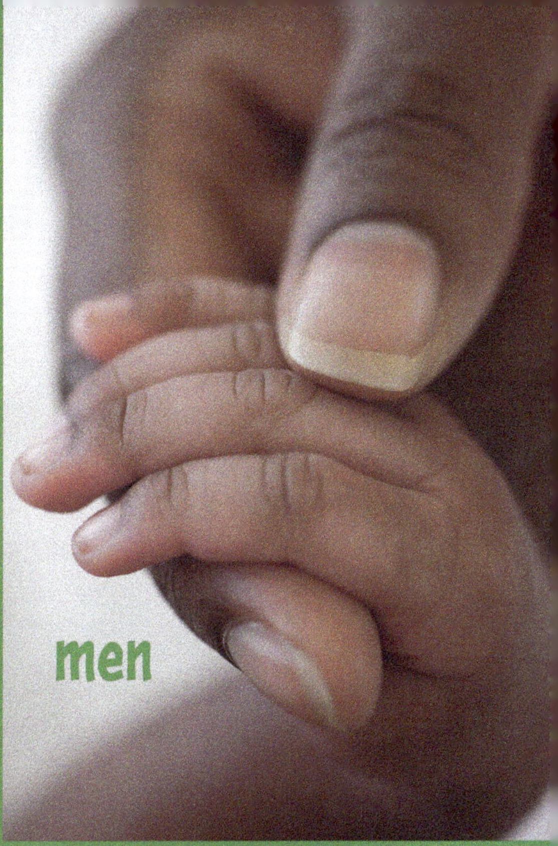

men

pye

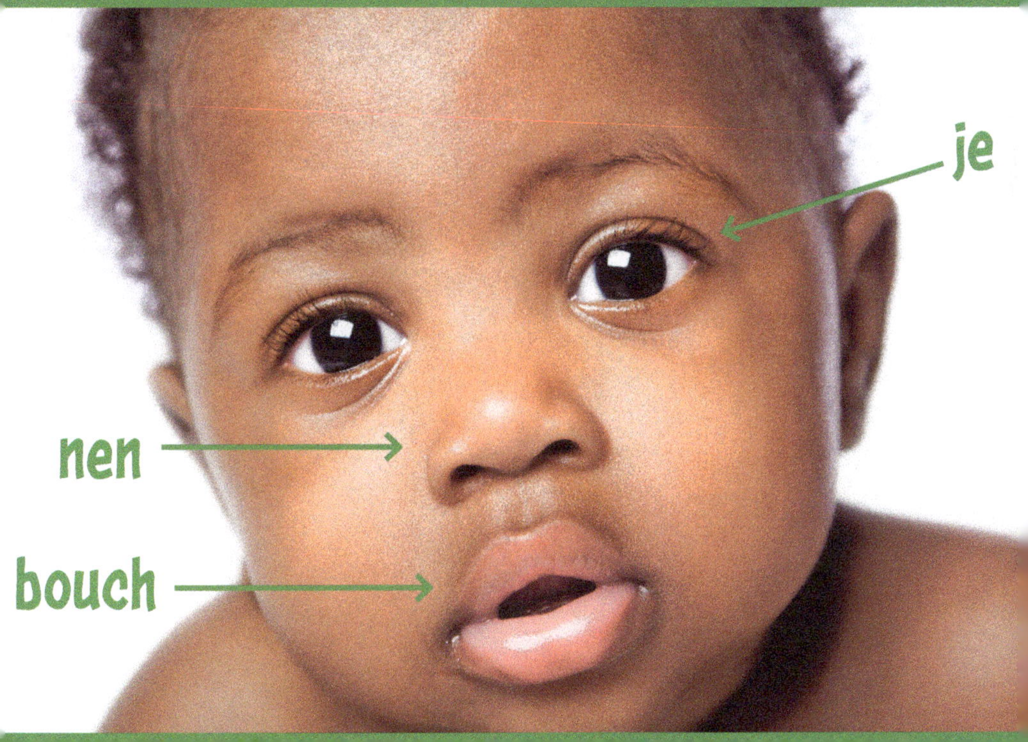

je

nen

bouch

Ijyèn

benyen

savon

eponj

bwòs dan

sèvyèt

Aktivite

kanpe

rale

chita

jwe

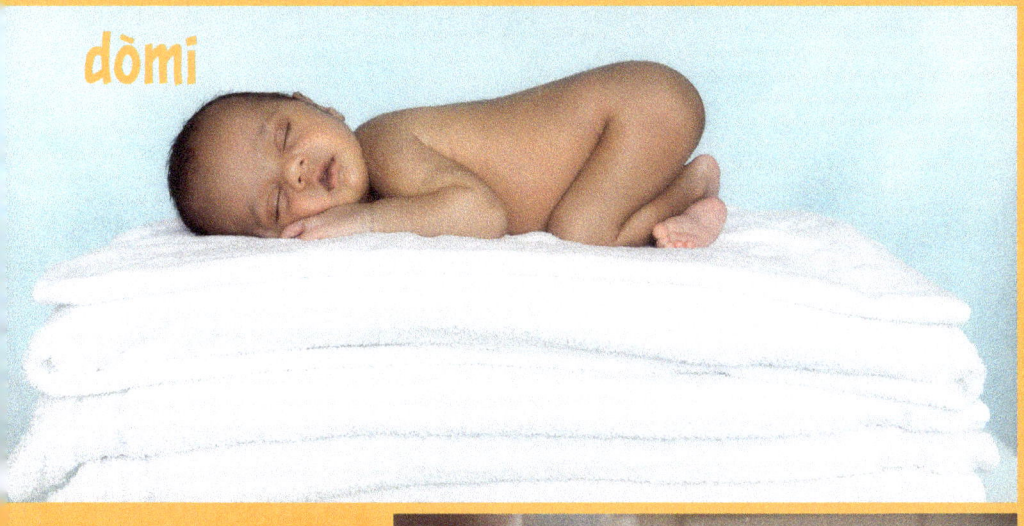

dòmi

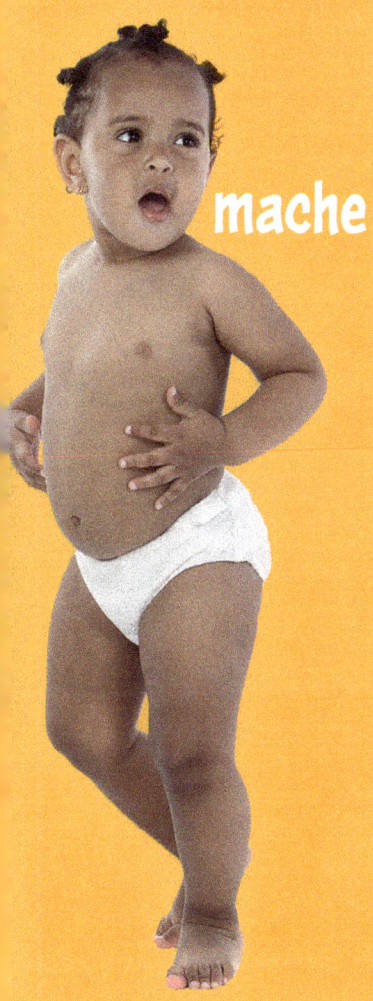

mache

manje

naje

Fwi

zaboka

mango

papay

anana

fig

kachiman

kenèp

sitwon

zoranj

melon dlo

- fouchèt
- kouto
- asyèt
- kiyè
- pen 
- diri ak pwa 
- gode

Manje

mayi moulen

ji

espageti

bonbon

bannann peze

jwèt

Jwe

sote kòd

blòk

liv

foutbòl

poupe

kontan

tris

sezi

kriye

Santiman

ri

bèf

Bèt

jako

poul

pwason

 lapen

 kabrit

 bourik

 chen

chat

avyon

Vwayaj

kamyon

machin

motosiklèt

tap-tap

bato

Fòm

kare

zetwal

triyang

sèk

rektang

More Books for People Who Love Haiti

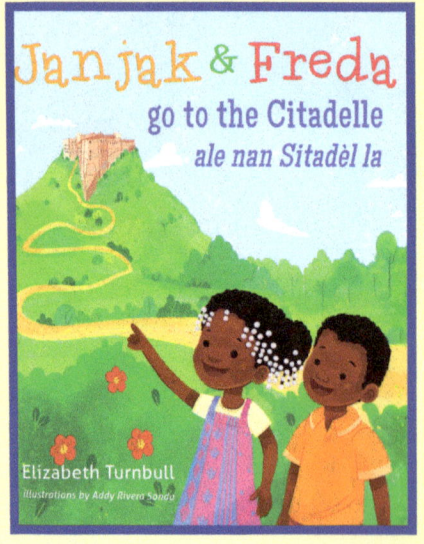

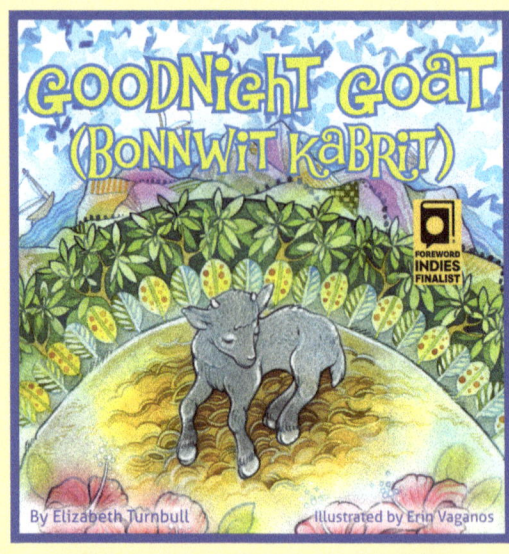

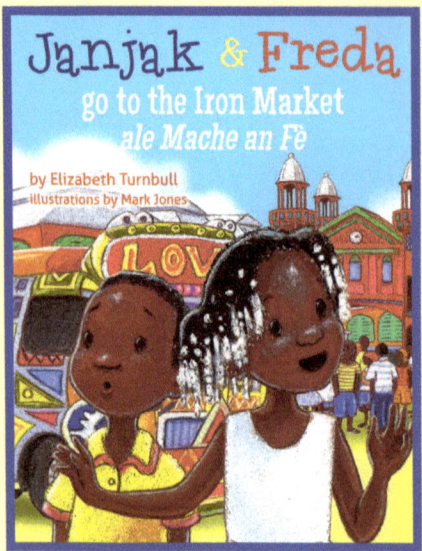

Li Li Books exist to celebrate the people and culture of Haiti, while introducing children to the beautiful language of Haitian Kreyol. Each book is created with great care and attention to detail, ensuring that the messages are positive and the images uplifting. All children deserve to see others like themselves represented in the pages of encouraging books, and Li Li Books do just that for children of Haitian descent and for all who love Haiti.

Lòt liv pou moun ki renmen Ayiti

Liv Li Li egziste pou selebre pèp ak kilti peyi Ayiti. Li entwodwi bèl lang kreyòl la bay timoun toupatou. Chak liv kreye avèk swen pou asire yon mesaj pozitif avèk imaj ki ankouraje. Tout timoun dwe wè lezòt parey yo reprezante nan liv ki ankourajan. Liv Li Li fè sa pou timoun ki gen san ayisyen ak tout moun ki renmen Ayiti.

Vizite lilipublishing.com pou lòt liv sou lang ak kilti Ayiti.

Visit lilipublishing.com for other books about Haiti's language and culture.

Li Li Books
lilipublishing.com

www.ingramcontent.com/pod-product-compliance
Lightning Source LLC
Chambersburg PA
CBHW041929040426
42444CB00018B/3473